U0051595

禮物

The Present

讓你更享受工作和生活的秘訣，
就從現在開始！

SPENCER JOHNSON, M.D.
史賓賽・強森 博士——著
莊靜君——譯

來自各界的好評推薦！

做自己，從不是做最原本的自己，而是逐步邁向期盼中的樣貌。有意識地存在於過去、現在與未來，細細體驗、品嘗箇中的滋味，我們將不斷地調整、學習、茁壯，這便將成為我們人生中最美好的禮物。

——知名企業培訓講師與顧問　方植永（小安老師）

覺察生命當下，自己最珍視，最發自內心喜悅與滿足的事物。無論過去、現在與未來，讓我們用心感受「禮物」的存在。

——王意中心理治療所所長．臨床心理師　王意中

這本書的寓意很深，掠奪與對立，最後帶來了競爭與戰爭。如果我們能回應他人的需要，在當下與對方同在，我們才能給出我們的禮物。我領受到了這本書給我的恩惠，也邀請讀者一起在這本書中，發掘屬於您的寶藏。深深地祝福您！

——臨床心理師　洪仲清

獻給所有參與此書的人們，

尤其是我的家人。

CONTENTS

作者序

得知有這麼多讀者欣賞且從《禮物》中獲益，贈送親朋好友，讓本書販售出二十五國版權，我備感榮幸。

自從多年前此故事出版後，轉變來得又急又快。百萬人與組織難以追上史無前例的全球經濟崩亂，生意與個人都遭到預期之外的挑戰。許多重要且成功的人失去工作，必須重新思考工作與生活。

也許是時候讓我們回歸到簡單、可靠的真相上了，這種真相能夠協助我們從過往中學習，享受當下，打造更討喜的全新未來。

雖然，或該說，正因我們處在如此艱難的時刻，許多讀者告訴我《禮物》至今還能替他們提供獨特的洞見，特別是那些在工作時生活上遇到意外改變的人。那個故事的核心透露出「禮物」就是在變局時唯一不變的事物。對於那些失去工作的人，這本書可以協助他們檢視過往，開始採取必要的步驟，改變他們的未來。

無論我們是否受到經濟狀況波及，我們都要面對周遭世界帶來的巨大改變。科技的突破轉變了許多商業模式的風貌。我們之間有許多人因恐懼而停滯不前，否認發生的一切，希望事情能夠重返正常。不過這種心態只會沖淡我們前往「今日」的能力。

我創造出《禮物》的故事來協助你與你在乎的人，打開你的視野，以全新的方式觀看你的生命與未來。

有些事我們能夠控制，我們還有力量駕馭，這就是我在接下來想與你分享的內容。

《禮物》是一個很簡單的故事，無論是在私人或工作層面上，你都可以跟任何人分享。在史無前例的變局之中，沉著、果斷是前往成功、豐碩人生的關鍵。這本書是你今天就能使用的禮物，且明天就能分享給你在乎之人的禮物。

史賓賽・強森博士 敬上

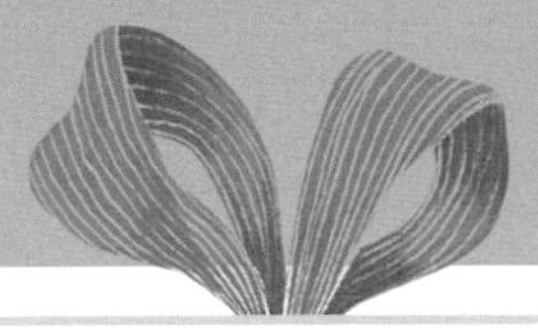

Before The Story

在說故事之前

傍晚的時候，比爾．格林接到一通緊急電話，是他的老同事麗姿．麥寇打來的。

她聽說比爾的事業做得很成功，便直接切入主題，「我可以馬上跟你碰個面嗎？」他覺得從她的聲音中聽到壓力。

比爾說「好啊」，便重新安排他的行程表，好讓他們可以在明天中午碰個面吃飯。麗姿一走進餐廳，比爾便察覺到她一臉疲憊。

在簡短的寒暄和點餐之後，麗姿跟他說：「我接了哈里森之前的工作。」

「恭喜啦，」比爾說：「妳升官我一點也不驚訝。」

「謝謝，但接下來的問題才多呢，堆得就像山一樣高。」她坦白說。

「現在這裡跟你之前在的時候變了很多。我們的人手變少了，但工作變多了。時間好像永遠不夠用，工作永遠做不完。

「不管是工作還是生活上，我都不快樂，這跟我原先期待的一點都不一樣。

「對了，比爾，」她換了話題，「你看起來很好耶。」

「我**是**真的很好，」他說：「我比以前更懂得**享受**工作和生活。對我來說真的是很好的轉變！」

「喔？」她說：「你的工作有什麼不一樣嗎？」

比爾笑了起來，「沒有，但感覺就像是那樣。那大概都是在一年前發生的事吧。」

「到底是什麼事？」麗姿很想知道。

比爾開始說了，「記得嗎？我以前為了得到好的業績，老是對自己和同事要求很高嗎？我們永遠都得花很多的時間和精力去完成所有的事？」

麗姿笑了，「這我記得可清楚了。」

比爾笑著，就像被自己當初的滑稽樣給逗笑了。「的確，我和我部門的同事都學到了一些東西。我們現在可以又快又輕鬆地得到不錯的業績。

「更重要的是，我過得比以前更開心了。」

「到底發生了什麼事？」麗姿問。

「就算我跟妳說，妳大概也不會相信。」

「那你倒是說說看囉。」她回答。

他停頓了一下，然後說：「我從一個好朋友那兒聽到一個故事，結果那故事成了一個真正的禮物。事實上，這故事就叫作『禮物』（THE PRESENT）。」

「故事的內容是什麼？」麗姿問。

「故事是說一個年輕人，他發現了一個可以讓他每天更樂在工作和生活的方法！

「我聽了這個故事之後，想了很多，想著要怎麼善用它並且從中受惠。一開始，我把學到的東西運用在工作上，接下來又運用在我的個人生活上。這對我產生相當大的影響，後來連我周圍的人都注意到了。

「就像故事裡的年輕人一樣，我現在快樂多了，工作也越做越好。」

「要怎麼做？」麗姿問：「具體的方法是什麼？」

「這個嘛，我現在更能專心在手邊的事上面。我知道怎麼從過去的經驗當中學到更多的東西，也越來越會做計畫了。我也不會把那些重要的事情拖了又拖，而是知道要怎麼集中精神盡早完成。」

「你這全都是從一個故事裡學來的？」麗姿看起來很驚訝。

「嗯，全是**我**從那個故事裡學到的東西。每個人的工作和生活狀況都不盡相同，不同的人會從『禮物』學到不同的東西。當然，也有些人聽完故事之後，什麼也沒得到。

「我認為這是個很**實用**的寓言故事，」比爾繼續說：「因為你可以立即用上。但重點不是這個故事說了什麼，而是你從故事裡學到了什麼，並加以**應用**，才讓故事有其價值。」

麗姿問：「可以跟我說說這個故事嗎？」

比爾喝了口水，放慢速度說：「麗姿，我之所以猶豫要不要告訴妳，是因為妳總是很多疑，很容易就會對這類故事嗤之以鼻，踢到一邊置之不理。」

在這一刻，麗姿卸下心防，坦承自己壓力很大，不管是在工作還是生活上，所以才會想找比爾吃中餐，希望可以得到一些幫助。

比爾想起自己也曾有過類似的感受。

麗姿說：「我真的**需要**聽聽這個故事。」

比爾一直很喜歡麗姿，也很尊敬她。所以他說：「我很願意跟妳分享這個故事，只要妳明白，不管妳是不是會從中學到東西，把它運用到生活當中，這都看妳自己了。

「而且，」他又加了一句，「如果妳覺得這個故事很受用，記得要跟別人分享。」

麗姿同意了，比爾繼續說下去，「我第一次聽到這個故事，就發現裡面有很多地方比我原先預期的還要更耐人尋味。

「聽這故事的時候，我發現自己從頭到尾都在拚命記筆記，想把以後可能會運用到的真知灼見，一口氣全部記下來。」

麗姿想，自己也許會從這個故事發現什麼有用的東西。她拿出一個小筆記本跟筆，然後說：「真心感謝。」

接著，比爾開始說「禮物」這個故事。

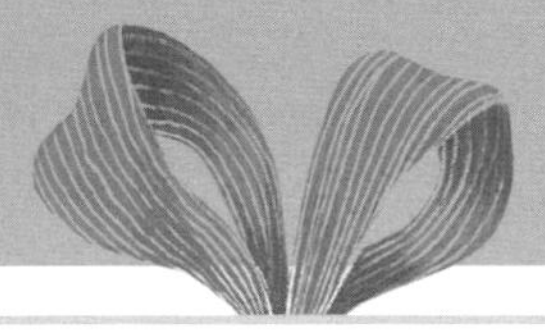

The Story Of The Present

禮物的故事

The Present
禮物

從前有個小男孩，他從一個充滿智慧的老人那裡聽到了「禮物」（The Present）的故事，慢慢地領悟了其中的道理。

男孩和老人認識了一年多，兩個人很喜歡在一起聊天。

有一天，老人說：「它之所以稱作『禮物』，是因為你會發現，這個禮物是在你可能會收到的禮物中**最**珍貴的。」

「為什麼它會這麼珍貴？」男孩問。

老人解釋說：「因為你收到這個禮物時，你會比以前更享受事物，每一天都有能力把事情做得**更好**。」

「哇！」小男孩大聲叫了起來，雖然他還不是十分了解其中的意涵。

「我希望有一天會有人送我『禮物』，說不定我會在生日的時候收到喔！」

每個人都有一個屬於自己的「禮物」，
它是所有禮物中最珍貴的。

然後男孩就跑去玩了。

老人微笑著。

他想著男孩要經過多少個生日才會體會到「禮物」的價值。

老人喜歡看著男孩在附近玩耍。

他常常看到掛在這孩子臉上的笑容，聽到他吊在附近的樹上玩時爽朗的笑聲。

男孩總是那麼快樂，全心投入他正在做的每件事。其他人看到他，都會被他散發出來的快樂給感染。

男孩漸漸地長大，老人三不五時還是忍不住會關心他的生活狀況。

星期六早上，他偶爾會注意到他的小朋友在對街修剪草坪。

男孩一邊工作一邊吹著口哨。不管他在做什麼，似乎都很開心。

有一天，男孩看到老人，想起了老人跟他說過的那個「禮物」的故事。

男孩當然對禮物這種事再熟悉不過了，比如說去年生日收到的腳踏車，還有聖誕節早上他在聖誕樹底下發現的那些禮物。

但他越去想，就越了解那些禮物帶給他的喜樂根本持續不了多久。

他好奇的是，「這個『禮物』到底有多特別？

「到底是什麼讓它比其他禮物更棒？

「到底是什麼才會讓我更快樂？做事更順心？」

為了得到答案，他走到對街去問老人。

他問了一個非常孩子氣的問題：「『禮物』是不是就像魔杖一樣，會實現我所有的願望？」

「不是，」老人笑著回答，「這個『禮物』跟魔法或是願望一點兒關係都沒有。」

男孩對老人的回答一知半解，只好回去繼續修剪草坪，腦中一直繞著「禮物」轉。

男孩越來越大，始終對「禮物」充滿好奇。如果它跟願望無關的話，那指的是不是要離開去一些特別的地方呢？

意思指的是不是要到陌生的地方旅行，那裡的每件事都跟這裡全然不同：那裡的人、他們身上穿的衣服、他們使用的語言、他們居住的房子，甚至是他們使用的貨幣？他要怎麼樣才能到達那裡？

他前去和老人見面。

「這個禮物，」他問：「是不是時光機器，可以任意進出任何我想去的地方？」

「不，」老人回答，「收到『禮物』之後，你就不會浪費時間去幻想要到別的地方了。在一個似乎太多事物變化過快的世界裡，『禮物』是你可以信賴的可靠事物。」

時光流逝，男孩成了十幾歲的少年。

他變得越來越不知足。他曾以為自己會隨著年齡的增長越來越快樂，但他似乎總是希望得到更多：更多朋友、更多東西、更多新奇有趣的事。

他不耐地夢想著那些未知的世界。思緒總是把他拉回和老人的談話，他發現自己越來越想了解「禮物」的許諾為何。

他又跑去找老人，問說：「『禮物』是不是那種會讓我變有錢的東西？」

「是的，在某方面來說是這樣的，」老人跟他說：「『禮物』是會讓你得到某種財富，但它的價值絕對不是用黃金或金錢來衡量的。」

少年感到更加困惑了。

「你跟我說得到『禮物』時，會更享受生活。」

「是的，」老人說：「然後你會更有效率，所以事情會越做越好，讓你變得更成功。」

「意思是什麼？」少年很想知道。

「變得更成功，指的就是滿足你更多的**需求**，」老人說：「得到所有你認為重要的東西。」

「所以我得先確定，對我來說什麼才是真正的成功？」少年問。

「是的，我們都得先確定這一點。」老人說：「成功的定義，也許會隨著我們人生各個不同的階段而有所改變。

「現在對你來說，成功意味著跟家人的關係更好、在學校得到更好的成績、在運動上有更出色的表現、下課後能得到打工的機會，以及因為工作表現良好獲得加薪。

「再過些時候，成功可能指的是你更具有生產力、更富足，或者是不管你遇到什麼事，都能以更平和妥善的心態來面對，那也是某種成功。」

「那對你來說呢？」少年問。

老人笑了，「在我這個階段，成功指的是笑口常開、愛得更深刻、可以服務更多的人。」

少年說：「這些都是『禮物』幫你做到的嗎？」

「當然！」老人大聲回應。

「喔，從來就沒有人給我這樣的禮物。事實上，我從來就沒有聽其他的人說過這樣的禮物。我開始懷疑它是不是真的存在。」

老人回答：「喔，它的確存在。但我恐怕你還不了解。」

你早就知道
這個「禮物」是什麼。

你早就知道
在哪裡可以找到它。

而且你早就知道
它是怎麼樣讓你
變得更快樂、更成功。

在你年紀還很小的時候，
你就已清楚的知道。
只是你忘了。

老人問他：「在你年紀比較小的時候常幫人家修剪草坪，那時你快樂還是不快樂？」

「快樂啊。」少年回想起自己年幼的時光。

「是什麼讓你感到快樂？」老人問。

少年想了一下，然後說：「因為我喜歡我做的事，同時也把鄰居交代給我的修剪工作做得很好。老實說，在那個年紀，我算是賺了不少錢。」

「那你工作的時候，腦子裡想的是什麼？」老人問。

「我在修剪草坪的時候，想的就只有這件事。我想的是我要怎樣把草從凹凸不平的地面清乾淨，還有要怎樣才能順利繞過那些障礙物。我想的是一個下午要修剪多少塊草坪，要怎樣才能做得好。但大部分的時間，我都只是專注在修剪眼前的草坪而已。」

他說著修剪草坪的語氣，聽起來好像這個答案是如此地理所當然。

老人把身體往前傾了傾，放慢語氣說：「一點也沒錯。這就是你為什麼

會那麼樂在工作的原因了。因為那一天，你比現在更快樂、更有效率地在做你正在做的事。」

可惜，少年並未花時間仔細思考他剛剛聽到的，他反而變得越來越沒有耐心。

「如果你真的希望我快樂一點，」少年說：「為什麼不乾脆跟我說到底什麼是『禮物』？」

「是不是還要跟你說要怎麼找到它？」老人反問。

「是。」少年很直接地回應。

「我很想，」老人回答，「但我沒有這個能力。沒有人可以幫別人找到他們的『禮物』。

「那是你自己給自己的『禮物』。只有**你**有能力可以發現它到底是什麼。」老人解釋。

少年對這個答案感到很失望，於是離開了老人。

沒有人可以幫別人找到他們的「禮物」。
那是你自己給自己的「禮物」，
只有你有能力可以發現它到底是什麼。

時間過去，少年已經是個年輕人，他決定獨自去尋找「禮物」。

他閱讀大量的雜誌、新聞和書籍；他和家人、朋友交換心得；他試著在網路上搜尋；他甚至旅行到很遠很遠的地方，希望從每個他遇到的人身上得到答案。但無論他找得有多麼辛苦，都沒有任何一個人可以跟他說什麼是「禮物」。

過了一陣子，他覺得既疲憊又沮喪，於是乾脆放棄了尋找。

最後，年輕人在當地的公司找到一份工作。身邊的人都覺得他看起來過得很不錯，但他老是覺得少了點什麼。

工作的時候，他想著在哪裡可以找到更喜歡的工作，或者想著回家之後要做些什麼好。

他常常在開會的時候恍神，甚至跟朋友聊天時也是那個樣子。吃飯的時候，他常常心不在焉，總是食不知味。

在工作上，他恰如其份地應付好手上的案子，但他知道其實他可以做得更好，他心裡明白自己並沒有盡全力去做，但他感覺不到這對他來說有什麼差別。

過了一陣子，年輕人意識到自己並不快樂。他認為自己工作很努力，都有完成份內的工作。他總是準時上班，覺得自己整天都全心投入在工作當中。

他希望自己可以獲得升遷，這或許會讓他開心一點。

然後有一天，他發現自己受到忽略，並沒有得到他認為自己可以得到

的升遷機會。

年輕人非常地生氣。他不知道自己為何會在這次的升遷機會受到忽視。他努力壓抑住氣憤的情緒，盡量不表現出來，因為這在職場上是不受歡迎的行為。然而，他始終無法消除自己憤怒的情緒，這種情緒開始吞噬他。

他的氣憤情緒越是高漲，他的工作品質越是下降。

他刻意要讓身邊的人覺得他並不是很在意這次的升遷，但他卻打從心底深處，對自己的能力產生質疑。「我擁有邁向成功的特質嗎？」他懷疑。

這年輕人的私生活同樣也沒有好到哪裡去。他無法克服和女友分手的痛苦，他超級擔心自己是否能找到真愛，是否會擁有屬於自己的家庭。

他發現自己陷入一團混亂當中。他的生活鬆散無度，一堆未完成的企劃案、沒達成的目標和夢想。

他知道自己並沒有實現年少時所追求的夢想。

每天，年輕人下了班回到家，都比前一天更疲憊、更沮喪。他似乎從沒對他自己做的事滿意過，但他不知道該如何是好。

他想起了年少時的自己，回想起那些時光，那時候的日子似乎簡單得多。他想到老人說的話和「禮物」的應允。

他知道自己沒有好好處理工作和生活中意料之外的變化。他並不如自己所期望的快樂和成功。

「**或許**」，他想，「**當初不該放棄去尋找『禮物』**。」

自從上次和老人說過話之後，似乎隔了很久很久的時間。他為自己這些日子發生了這麼多不好的事感到丟臉，很不想回去跟老人求助。

最後，他還是無法滿意他的工作和生活，他知道該是去跟老人說說話的時候了。

老人看到年輕人非常高興，但很快地，他就注意到這個年輕人無精打采，很明顯一臉不快樂的樣子。他十分關心，鼓勵年輕人把心事說出來。

年輕人訴說他稍早為了尋找「禮物」所遇到的挫折，以至於他放棄追尋的過程。然後他道出了最近遭遇到的難處。

但，出乎年輕人意料的是，一把事情跟老人說了之後，似乎感覺就沒那麼糟了。

年輕人和老人在一起說說笑笑，他們享受了很好的時光。

年輕人發現自己有多麼喜歡跟老人在一起。在老人身邊，讓他覺得自己比往常還要更快樂和更有精神。

他很好奇老人為什麼會比他認識的其他人都還要有活力，是什麼讓他如此特別？

他跟老人說：「跟你在一起的時候，我感覺很舒服。這跟『禮物』有關嗎？」

「當然，**每件事**都跟它有關。」老人回答。

年輕人說：「希望我也能找到『禮物』。最好就在今天。」

老人笑著說：「為了幫你自己找到『禮物』，試著去想想你在什麼時候最快樂、最有活力。也就是你覺得自己做事比較專注，也比較成功的那段日子。

「你早就知道要去哪裡找『禮物』，你只是沒有意識到而已。」

他繼續說：「如果你不那麼執意拚命地去找它，反而會更容易發現它。事實上，如此一來，它會變得相當顯而易見。」

然後老人建議：「為什麼不花點時間脫離你現有的既定模式，讓答案自己找到你？」

聽了老人的建議之後，年輕人接受邀請，到朋友的山上小屋住了一陣子。

他獨自待在森林裡，發現事物的步調變慢了，人生看起來也似乎有些不同。

他花很長的時間散步，反省自己。「為什麼我的生活無法像老人那樣？」他疑惑著。

年輕人知道，雖然老人為人謙虛，但他在世界上是非常成功的人士。

他在一家信譽良好的公司工作，從最基層做起，最後升到最頂尖的位置。他試圖從不同的角度進入社區，幫助人群。

老人有個穩固、情感深厚的家庭，還有許多忠誠的朋友常常都會去看他。他擁有絕佳的幽默感和智慧，深受大家喜愛和敬重。

最重要的是，他散發著一股靜謐的氛圍，這是年輕人所沒有的。

年輕人微笑著。「而且他還有年紀小他一半的人的精力。」

老人肯定是他遇過最快樂、最成功的人。

那麼，給了老人這麼多這麼棒的特質的「禮物」到底是什麼呢？

年輕人沿著湖邊散步，走了相當長的一段路，他仔細思考自己所知道的「禮物」：**那是你給你自己的一個禮物。在你年紀還很小的時候，你就已清楚地知道，只是你忘了。這是變動的世界裡不會改變的一件事。**

然而，他的思緒飄回了他的失敗。他清楚地記得當他發現自己並沒有得到夢寐以求的升遷時，他身在何處。那就好像是昨天才發生的事一樣，他到現在還耿耿於懷，氣憤難消。

他察覺天色已暗，便趕緊回到小木屋。

一躲進小木屋，他點起爐火驅逐寒意，發現到以前從未注意過的東西。

他凝視著火焰，這才第一次注意到小木屋裡竟然有個這麼棒的壁爐。

它是由大大小小的石頭堆疊而成的，石頭和石頭之間只用了很少的水泥。似乎有人精心挑選並擺放每一顆石頭。

年輕人這才注意到它，不由得沉浸在欣賞這個之前一直就在他眼前的東西。

不管是誰做了這個壁爐，他肯定不只是個石匠，而是個不折不扣的藝術家。

年輕人驚嘆於這個壁爐的製作是多麼地特出，他想到這個石匠在工作時的心情。

他一定是全心投入在眼前的工作，年輕人清楚地感受到這個石匠的思緒根本沒有游移或是分心，因為這個工法是做得如此之精細完美。

想想你在什麼時候最快樂、最有活力？
其實，你早就知道「禮物」是什麼了……

他在工作的時候，一定不會牽掛著過去的戀情或是想著那天的晚餐該吃些什麼。既不會花很多的思緒想著這個工作完成之後要做些什麼，也不會去想是不是有什麼比這更有趣的事要去做。

年輕人從這個傑出的石造作品，就可以看出這個石匠是多麼成功。他除了專心完成手中的工作外，絕對是心無旁騖，這讓他更樂在自己的工作當中。

那老人是怎麼說的？「要找到『禮物』，就想想你最快樂、最有活力和最成功的那段日子吧。」

年輕人想起小時候跟老人聊天，說起修剪草坪的事。他記得當初是多麼專注在割草這件事，沒有任何事可以讓他分心。

「當你全心投入在你正在做的事上頭，不胡思亂想，你就會好好地享受生活。然後你會更快樂、更有活力。你只專注在當下發生的事上面，而那樣的專注和專心一志會帶領你達到成功的境界。」

他恍然大悟自己已經許久沒有那樣的感受了——不管是在工作或其他的事上面。他花太多的時間陷入過去的沮喪情緒中，或是擔心未來的事。

年輕人環顧小木屋裡的一切，然後再把眼神轉向爐火，就在那一刻，他沒有想著過去的事，也不擔憂未來會發生的事。

他只是簡單地欣賞他所在的地方和他所做的事情。

然後他笑了，他發現這樣的感覺真棒。

他只是很簡單地享受自己正在做的事，享受當下的時刻。

突然之間，一個念頭閃過，原來如此！

他知道什麼是「禮物」……它一直都在；它就是現在！

禮物

不是過去

也不是未來。

禮物

就是現在這一刻！

禮物

就是現在！

年輕人笑了開來。這是多麼顯而易見啊！他做個深呼吸，放鬆心情。他環顧小木屋的四周，用全新的角度來欣賞這一切。

他走到外面，看著樹林在夜空照射下的剪影，以及遠山山頂上的白雪。他看著月亮投射在湖面上的倒影，聽著鳥兒齊唱夕陽之歌。

他現在開始注意到許多東西，那些一直在他眼前，只是他之前從來沒有看到或留意到的東西。

他感受到許久未曾體會到的平安和喜樂。他不覺得自己是個失敗者。他越是去思索「禮物」（The Present），越是覺得意義深遠。

把握現在（The Present），指的是專注在眼前所發生的事！指的是感激你每天所得到的禮物。

這讓他想到，每當自己專心處於現在的時刻，他就會更加警醒專注於他正在做的事，那時的他就更像是那個建造壁爐的石匠。

現在他終於領悟老人在他小時候就一直想跟他說的事。

隔天早上，年輕人神清氣爽地醒來。他等不及去告訴老人他的發現。

他起身梳理，專注在當下的時刻，訝異地發現自己活力充沛。

他記下筆記，寫下他回去工作時要做的事。他知道自己在工作上會變得更有效率時，臉上浮起了笑意。他驚訝一天的轉變會如此之大！

他想起昨晚的自己。當他專注於他所在的地方和他正在做的事，就在**當時當地**，他發現了「禮物」的奧秘所在。那時他根本就沒去想其他的事。

他很高興能到山上來思考，而且是獨自一人。

他提醒自己要活在現在。他深呼吸，恢復了內心的平靜。

他想，驚人的是**這個道理是這麼簡單，效果卻是如此迅速**。

然後，他眉頭深鎖地自問：「『禮物』真的有這麼簡單嗎？畢竟，人生不總是那麼複雜嗎？工作的事看起來確實就是那麼複雜啊。」

他有些許的疑惑。但是，就在現在，他把自己拉回「現在」這個時刻，感激現在所擁有的一切，他笑了。

現在他知道老人要說的事情了。「現在」這個時刻不會改變，改變只會在未來發生，在下一刻。或許「現在」就是他**能**在變動時刻時仰賴的東西。

然而，當他準備離開時，又開始懷疑了起來。

如果你「現在」身處的環境不像這個寧靜的山中小屋，可以讓你如此放鬆時，該怎麼辦？當你處於良好的狀況時是一回事，但處於不好的狀況時又是另外一回事。

到時你該如何享受「現在」？

那什麼才是對「過去」和「未來」來說是最重要的？

在他回頭尋找老人的途中，他知道自己有許多的問題想問。

然後他提醒自己，把意識拉回到「現在」，在那一刻他更加意識到什麼才是**對的**。

他開始喜歡起自己以及他身處的環境。他樂在享受「現在」。

把握現在

一看到年輕人雙眼炯炯有神，帶著開朗的笑容走近，老人便大聲說：

「你看起來就像是找到了『禮物』！」

「我是真的找到了！」年輕人興奮地說。

老人笑容滿面，他知道年輕人一定辦得到的。他們倆很開心地享受這一刻。

然後老人說：「告訴我這是怎麼發生的。」

「這個嘛，我發現我一不去想『過去』發生的事，也不去憂慮那些『未來』可能會發生的事，整個人就快樂多了。

「突然之間，這道理再清楚不過了。『禮物』，是你自己給自己的禮物，就是——現在，此時此刻。我了解到『把握現在』的意思指的就是專注在此時此刻發生的事。」

「的確，」老人說：「這也代表著**兩個**方面。」

年輕人沒有在聽老人說話，反而自顧自地繼續說：「我是在一個很棒的環境裡發現『禮物』的，那時我正在朋友的山上小屋。」

接下來，他猶豫地問：「我很懷疑如果是在很糟的環境裡，『把握現在』對我會有什麼幫助？」

老人反問他：「當你開始意識到『禮物』時，你有想過那個時候，有哪些事是好的，哪些事是不好的嗎？」

「我想的都是那些**好的**事，即使有些事還是往不好的方向走。

「我知道自己待在一個美麗的地方，正享受著寧靜的時光。」

老人說：「想想這個：

即使在
最惡劣的環境裡，

在當下的那個時刻，
如果你專注在
好的事上面，
它會讓你變得更快樂，
就在今天。

它給予你所需要的
活力和自信
去解決
那些不好的事。

老人說的話很有道理，「『把握現在』的意思指的就是專注在此時此刻發生的**事**。」

「不光是這樣，」年輕人補充說：「指的也是要專注在**此時此刻**發生的事上面。」

「是的。」老人說：「正是如此！」

年輕人又想了想，「那的確很有道理。我在很糟的情況下，想的往往都是那些不好的事，那總是讓我沮喪灰心。」

「很多人都是這樣。實際上，大部分的情況都交雜著好壞與對錯，這一切全都仰賴你怎麼看待它們了。

「你越是專注在『好的事』上面，你今天就會更有戰鬥力，也會變得更成功。

「你越是鑽牛角尖在不好的事上面，」老人說：「你就會變得越來越沒有活力和自信。這就是為什麼，當你發現自己處於『很糟』的情況時，就得

努力去找到其中『**好**』的一面，雖然這是很困難的事。一旦找到，就要懂得好好地珍惜它，並把它作為一切的基礎。

「此刻你越是懂得珍惜『好』的事，你就會越快樂。你會變得越輕鬆，更容易去『把握現在』，更加享受現在。」

年輕人問：「如果『現在』非常痛苦該怎麼辦？比如說失去了心愛的人？」

「痛苦，」老人表示，「差別就在它和你所期望的不同。

「當下的痛苦，就跟其他的每件事一樣，不斷地在改變。它會來也會離開。

「當你全心處於現狀，感受這個痛苦，覺得自己快被折磨到死了，記得開始去找尋那些好的方面，然後把它們作為你復原的基礎。」

年輕人開始做筆記，以便記住所有新發現的東西。

他說：「為什麼我有種感覺，就是我到目前為止學到的東西，都只是冰

「禮物」就是「把握現在」！

山的一角而已，底下還藏有許多我不知道的？」

老人說：「因為你才剛開始去領會那些等著你去發掘的道理。

「既然你已經自己找到『禮物』，又熱切地想知道更多，我很願意跟你分享我所知道的一切。」

年輕人說他一定會很感激，於是老人繼續說。

「經歷痛苦並從中學習是很重要的事，」他說：「絕對不要試著轉移注意力到其他的事物上。」

把握現在，

不要分心，

專注在此時此刻，

重要的事上面。

今日你所選擇關注的事，

創造了屬於你自己的現在。

年輕人說：「所以，即便是在很糟的情況下，我也不能將注意力轉移到那些不重要的事上面，這樣我才能好好地把握現在。」

「可以從你自己的生活上找到一些例子，」老人說：「你之前說過你在工作和過去的情感上，遇到一些困難。

「你可能要問你自己：『我常常在工作上分心嗎？還是，我有全心投入在重要的事上面嗎？』

「再想想在工作以外的生活。

「你之前跟戀人相處時，當下投注了多少的心力？你們兩個在一起時，她是否有重要到讓你把全部的心力放在她身上呢？

「在男女關係上，你得專注在對方身上，懂得對方的『優點』和『缺點』，這樣一來，可以早日發現潛在的問題，而不是等到問題發生時再故意推託。

「我寧願不要給你別人怎樣善用『禮物』，變得更快樂、更成功的例子，而是在未來的幾週，讓你自己去發掘、印證，這樣會更有意義。」

年輕人說：「在我離開之前，我可以問你關於『過去』和『未來』的事嗎？」

老人回答：「我們過一陣子就會討論到這兩個重要的領域。但現在，就讓我們好好地把握現在吧。

「當你好好把握現在，專注在今天對你來說重要的事上面，你自己就會發掘到許多很棒的事。」

年輕人相信老人說的話是最明智的，他拋開了對「過去」和「未來」的疑慮。一這樣做，心裡頓時快活了許多。

年輕人展開笑顏，只要處理眼前的事，的確是簡單容易多了。他覺得壓力減輕了些，也更有自信了。

他知道如果他可以在今天做到把握現在，那在以後的日子裡，他也同樣可以辦得到。

在他離開之前，他簡單扼要地記下目前所學到的：

專注在眼前所發生的事。

珍惜在此情境下那些「好的」事，並以之為基礎。

全心投入於現在重要的事上面。

他跟老人道謝，說他已經準備好回去工作，會試著好好運用他的新發現。

他知道這意味著他得同時留意事情的好壞兩面，這樣才能克服那些阻礙，讓自己更懂得樂在工作、更加成功。

隔週他回到工作崗位時，年輕人重新審視他跟老人對話時記下的筆記。然後他坐下來完成懸在他腦子裡好一段時間的案子。這個案子會延宕多時，是因為他認為要找齊所有的資料是件非常困難的事。

接下來，他得要好好運用他學到的。

他花了點時間，讓自己好好地專注在現在。他深呼吸，環顧四周，領會到此時此刻**好的**一面！

他了解到自己也許不能獲得升遷，但至少還保有這份工作，而他的公司在市場上也正面臨挑戰。

他專注於現在**好的**事情。他身體健康；他有個相當不錯的工作環境，十分地安靜，而且井然有序。

他的工作還有一堆的表現機會，可以讓他獲得賞識。

他領悟到，只要稍不留神，就可能忘了去享受他現在所擁有的東西。

接下來，他專注在眼前重要的事。他知道這個案子得有所進展，然後他才可以藉此建立他完成下一個任務的能力和自信。

他開始一個一個解決問題，同時也遇到好幾個阻礙。然而，他不但沒有分心去做別的事，反而選擇把握現在。

他只專注在他此刻需要去做的事，繼續往前邁進。

讓他驚訝的是，他花了幾個小時就完成了工作。雖然這只是個小小的案子，但他覺得非常有成就感，因為他知道自己完成了一件完整的工作。

他心裡想：「我已經很久沒有這麼享受工作了。

「把握現在，真的對我很有用。」

在接下來的好幾個星期，年輕人都沉浸在工作當中，表現出的工作熱忱和專注，是他身邊的人所很少見到的。

在他領悟「禮物」之前，他常常在開會的時候發呆，老是夢想著升遷的事。

現在，他知道如果他**今天**想要把工作做好，最重要的事就是要專注在此時此刻。專注在當下**好的**那一面，並以之為基礎。

他知道他不可能在生命中的每一刻都把握住現在。但如果他**今天**可以盡量做到的話，那他明天也一樣可以做得到。如果他每一天都花更多的時間把握現在，他就會更快樂、更有效率和更加成功。

現在，當別人在發言時，他會放下正在思考的事，專心去聽別人說話。他努力參與其中的討論，要求自己每次至少要貢獻一個新的想法。

很快的，年輕人的客戶和同事都感受到他的改變。以前容易分心的他，現在開始認真關心他人的需要，以及他可以為客戶和公司做些什麼。

在他的個人生活上，他的朋友也注意到他的改變。他更懂得認真地聆聽他人的話語，就和老人聆聽他時是一樣的。

起先，他得很努力去克制自己要專注在「現在」，不要飄到悔恨「過去」，或是憂慮「未來」的情緒當中。他越是經常訓練自己「把握現在」，

越是發現這也不是件困難的事了。

由於他對事情看法的改變，他的工作和生活也同樣獲得了改善。

他展現出來的熱情和有擔當的態度，引起主管和朋友的注意。

他開始領悟到工作要做得更好，才有可能獲得升遷的機會，那樣的他才真正值得獎勵。他對主管的憤恨開始消退，至少有時候是這樣的。

或許最重要的是，他遇到了一個很棒的年輕女子，兩個人的關係進展得很好。

每件事似乎都進行得非常順利。他花越多的時間把握現在，就覺得自己更有活力，更懂得掌控自己的生活。他變得更有自信、更強大，工作也更有效率。

他珍惜自己所擁有的東西，專注在「**現在**」對他來說重要的事情上，重點是，他很享受這一切。

難怪老人說「禮物」是你可以給自己最棒的禮物。

然而，就在他認為自己知道要如何「把握現在」時，另一個問題來了。問題出在他跟另一個同事共同處理的案子。那一個人付出的心力和主意都很少。年輕人既沒有跟那個人溝通要她盡點心力，也沒有跟主管提出這個問題，他獨自扛起這個案子。

不久，他的進度遠遠落後。

最後，他無法在期限之內完成工作。

這是個很重要的案子，他的主管對他的表現非常失望。

年輕人覺得自己失敗了，他新建立起的自信心漸漸流失。

到底發生了什麼事？他認為他已經全心全意投入在當下的時刻。

失望透頂的他，垂頭喪氣地坐在位子上，覺得好累。

他很想知道，在同樣的情況下，老人會怎麼做。

他想也想不透，決定回頭去找老人。

向過去學習

老人注意到年輕人一臉沮喪，但仍舊溫暖地迎接他的到來。「我就知道你會來。」

年輕人開始說：「你跟我說，不管我在做什麼，只要懂得『把握現在』，就會讓我更快樂、更成功。

「我很努力地專注在『現在』，也看到了這樣做帶給我自己的好處。但似乎這還不夠。」

「我一點也不驚訝。」老人說：「要全心擁抱『現在』，光處於當下還不夠，你得做得更多。

「但我等著你自己去發現這一點。」

老人要年輕人說說他目前遭遇到的問題，然後他說：「所以，你對另一個人工作怠惰的反應是自己扛起責任，而不是直接把問題提出來。」

然後他問：「你不是說你以前也做過一樣的事？」

「是的，」年輕人承認，「那是因為我一向不喜歡跟人家正面交鋒。我的主管說這是我不擅長管理和領導的原因之一。」

然後他又說：「不只是在工作上。我之前的女友也說過我總是忽視我們之間的問題，這也是我們分手的原因之一。

「我時常會想到自己沒被升遷的事。我不知道為什麼在這件事上面就這麼放不開。」

老人說：「或許這幾句話對你會有幫助：

放掉過去，
的確很難，
如果你沒有從過去學習。

一旦你懂得從過去學習、
懂得放開過去，
你便可以改善現狀，
就在今天。

「禮物」就是「向過去學習」！

「我很喜歡這幾句話，」年輕人說：「聽起來很有道理。」

然後他問：「你介意我換個主題嗎？我想問你為什麼懂這麼多？」

老人笑著說：「這個嘛，我在一間很有意思的公司裡工作了好些年，聽到許多人聊他們的工作和生活。有些人日子過得很不好，同時也有人過得很不錯。不過，我注意到他們都有一個共通的模式。」

年輕人問：「你從那些日子過得很不好的人身上注意到哪些事？」

老人可以感受到年輕人現在的心境。「你沒有先問那些日子過得不錯的人，的確是很有意思。」

「哎呀。」年輕人說。

「的確是。你也許會想搞清楚自己為何會傾向從錯誤開始，也想知道從過去學習是不是真的對你有用。」

然後老人說：「我知道你遇到一些難題，如果你同意的話，我們就從那裡開始吧。」

「大部分遇到困難的人都會擔心那些以前犯過的錯，或是煩惱那些可能會犯的錯。」老人說：「還有些人會氣那些他們在工作上曾經發生的事。」

「我知道那種感覺。」年輕人回應。

「那些表現得很好的人，在那種時候只會專注在工作上。他們跟別人一樣會犯錯，但他們懂得從中學習、放開錯誤，然後繼續往前走。而且他們不會一直在原地踏步，埋怨錯誤。」

老人繼續說：「我覺得你沒有好好地正視自己的『過去』，無法從中學習，反而故意忽視它。

「很多人對『過去』視而不見，因為他們不希望被困在『過去』裡。他們會這樣說：『是我過去的經驗，把我帶到今天這個地步。』但他們不會問如果他們有好好地去面對過去的經驗，並且從那些讓他們不好過的經驗裡面學到東西，他們今天會在什麼樣的地位。

「結果他們什麼也沒學到。」

年輕人說：「像我，就是不斷地犯著同樣的錯誤。以那個角度來看的話，現在就跟過去沒什麼兩樣。」

「說得很好。」老人回應。「如果你不用心去感受過去，從中學習，你就會無法好好享受現在。一旦你真的從過去的經驗學到東西，那就更容易去享受現在了。

「的確，人不能老活在過去——那你就無法活在當下——但**運用**過去的錯誤經驗去學到東西是很重要的。或者，如果你在過去已經做得相當不錯了，試著去了解原因，然後作為你成功的基礎。」

年輕人感到很困惑。他問：「那我什麼時候該好好把握現在，什麼時候又得從過去中學習？」

「真是個好問題。」老人回答。「你也許會發現這幾句話很有用：

不論何時，
只要是你對現狀感到不滿，

並渴望更加享受現在，

那就意味著，
你得從過去中學習

或者試著去計畫未來。

「只有兩件事可以剝奪你『現在』的喜樂：一個是你對『過去』的負面思想，另一個就是你對『未來』的悲觀態度。」

老人提議：「先回頭去看看你自己如何看待『過去』，你也許會發現非常受用。

「我們之後再來討論『未來』。」老人保證。

年輕人說：「所以，任何時候，只要我感到有什麼事阻礙我享受現在，或讓事情進展得不順遂，就是我該回頭審視過去，並從中學習的時候。」

「是的。」老人答覆。

老人強調：「任何時候，只要是你希望現在比過去更好，或是更享受現在，就是你該去學習的時候。

「當你因為過去感到沮喪或悲觀，影響到你的現狀時，那就是你需要花點時間回頭審視過去，並從中學習的時刻了。」

年輕人問：「為什麼當我有負面思想的時候，會是個學習的好時機？」

老人回答：「因為你可以用你自己的感覺去學習。」

「那我要如何學習？」

老人回答：「就我所知，最好的方法就是問你自己三個問題，你得竭盡所能地誠實回答：

「過去發生了什麼事？

「我從過去的經驗中學到了些什麼？

「我現在可以做什麼不同的事？」

年輕人想了想說：「換句話說，就是仔細審視之前所犯下的錯誤，還有自己對那件事的感覺。然後你就能領悟，現在要怎麼做出改變。」

「是的，但不要對自己太過嚴苛。別忘了那時的你，已經竭盡所能做到最好了。現在的你比以前懂得更多，所以可以做得更好。」

年輕人說：「所以，如果你的行事作風沒變，結果就會是一樣的。一旦你的作風改變，結果就會有所不同。」

老人家說：「是的，好處是你從過去學到得越多，悔恨就越少，就會有越多的時間好好把握現在。」

在離開之前，年輕人記了許多的筆記：

仔細審視你對過去事件的感覺。

從中學到一些寶貴的經驗。

善用學到的東西，
更享受今天的工作和生活。

你無法改變過去，

但你可以從中學習。

當同樣的事情發生時，

你可以用不同的方式來面對，

並從今天起

變得更快樂、更有效率、更成功。

隔天一早去上班的路上，年輕人想著老人說的話。

那天，他努力地工作，全心全意埋首在當下的時刻，他希望有機會能從過去學到東西。

當和他搭檔的女同事又沒盡力做好她份內的工作時，他很誠實地把自己的憂慮跟她說了。

一開始，她對年輕人提出的要求十分生氣、抗拒。但是，在一番長談之後，她反而很高興年輕人可以對她如此坦白。她領悟到做好份內工作的必要性，甚至還跟年輕人說她也很希望自己可以把工作做好。

年輕人從過去的經驗學到東西，而且用不同的方式來處理問題，這讓他感覺很棒。接下來的幾個星期，年輕人運用他學到的東西，在工作上變得更

有效率。

他跟同事的關係也有了很大的改善。最後，他的主管交付給他更多的工作責任，而他終於如願以償地獲得升遷。

在他個人的生活裡，他花更多的時間跟那個年輕女子相處，持續發展對兩個人來說都很重要的關係。

這段時間，他迅速成長茁壯。

然而，面對新職務增加的工作量，他發現自己無法成功地做好每件事。好在他還記得常常提醒自己要深呼吸，專注在當下的時刻，這給了他很大的幫助。

可是，他每天一到公司，發現有越來越多的工作等著他去做。

他完全沒有好好規劃每天的工作表，也搞不清楚需要先完成哪些事。從這個案子換到另一個案子，他花太多的時間在不重要的事上面，卻忽略了那些急需在期限內完成的重要工作。

不久，他完全無法掌握工作的進度。主管質問他的時候，年輕人只能無力地攤開雙手推說工作太多而時間太少。他的主管開始懷疑當初是否該提攜這個年輕人。

沮喪又無所適從的年輕人，決定再度拜訪他的老朋友。

創造未來

「最近好嗎？」老人問。

年輕人笑得很不自然，說：「時好時壞。」然後他說起自己的挑戰。

「我不明白，」年輕人說：「我已經全心埋首在現在。

「人們讚美我全心專注在工作上的能力。

「我努力從過去的經驗學習，不再停留在過去的悔恨當中。我善用學到的東西，現在也做得比以前好。

「然而，我卻無法處理好每件事。也許這份工作超出我的能力。」

老人點著頭，「也許現在是這樣沒錯。你不明白的原因是因為你還沒發現『禮物』的最後一個要素。

「是的，你從過去學到東西，善用所學改善現在，全心活在當下，我察

「禮物」就是「創造未來」！

覺到你更懂得欣賞周遭的人事物，身在其中時也更有活力。所以你已經大有進步。

「但是，你還沒有領會到第三個要素的重要性——未來。」

年輕人說：「但如果我陷在未來太深的話，我就會變得很焦慮。我知道那種感覺，當我做白日夢想著那個我渴望擁有的房子、想獲得的升遷，或是想得到的家庭，我就無法活在當下。我感到迷惘。」

老人說：「的確是。不應該**陷在**未來，那會讓你迷失在擔心和焦慮當中，而是應該要設法**創造**未來。

「讓未來比現在更好的唯一方法，除了好運以外，就是設法**創造**它。

「即使你真的很『好運』，你的運氣也會有用完的時候，到時還會帶來一堆其他的麻煩問題，所以你不能仰賴運氣去得到好的未來。」

「你說的『設法創造未來』指的是什麼？」年輕人渴求知道。「創造未來跟把握現在有什麼關聯呢？」

「這個嘛，其實我們都在設法創造部分的未來，只是我們不太知道而已。」老人透露出這個訊息。

「顯然沒有人可以掌控未來。

「然而，在當下這個時刻，我們**今天**所相信和去做的每件事，都創造了明天會發生的事的很大一部分。

「如果你對未來有任何消極負面的想法，不論是在工作上或是生活上，那你今天的活動力就會是消極的，你創造的就會是比較糟糕的明天。」

「所以，」年輕人說，「如果我今天所相信和去做的事是比較積極正面的，就有助於創造**比較理想**的明天！」

「沒錯。你可以信賴它，」老人說：「這個方法對每個人都相當有效！」

然後老人建議：「如果你想設法創造『未來』，就從把握現在開始。首先，珍惜現在這個時刻所有正面的事，就是現在！

「然後，試著去想像比較理想的未來會是什麼樣子，做個實際的計畫去實現它，最後想盡一切辦法去幫助它實現。」

「所以，第一件事就是我要去想像未來。」

「是的，越詳細越好，好讓它真實地呈現在你眼前。

「下一步，就是制訂計畫。那會是你的指南針，它會指引你的方向，幫助你專注在現在需要去完成的事，帶領你到達夢寐以求的未來。

「今天就做計畫，並付諸行動以幫助自己實現目標，可以減少你的恐懼和不確定感，因為你採取主動性一步步地朝未來的成功邁進。你知道自己在做什麼和為什麼要這麼做，因為你知道這會帶領你邁向你所展望的未來。

「你可以這樣想：

沒人可以預測未來，

也沒有人可以控制未來。

然而，你越是清楚去想像你所期望的未來，

好好地去計畫它，

然後現在去做些事情幫助它實現，

那你現在的焦慮就會越少，

就會越了解未來。

老人繼續說：「不管是我們的工作或是生活，我們的夢想和目標不如預期，最常見的原因便是：缺乏想像、計畫和實現。」

年輕人問：「那我什麼時候該去設法創造未來？」

老人說：「在你懂得感謝珍惜現在所擁有的東西的時候，再來，就是當你希望未來可以比現在更好的時候。」

年輕人問：「那你覺得怎麼樣做最好？」

「想想怎麼回答這些問題：

「現在對我來說什麼是積極的？給我的感覺又是什麼？

「美好的未來是什麼樣子？

「實現它的計畫是什麼？

「我今天該怎麼做才能實現它？

「你越是清楚地描繪出你希望的未來的樣貌，深信實現的可能性，就越容易去制訂你的計畫。

「一旦有了計畫，在你得到更多的資訊和經驗的時候，都可以隨時修正，那它就會變成一個更加有彈性、更實際和更有可能達成的『活計畫』。

「最重要的是，每天都要去**做**該做的事，即使是那些你認為微不足道的小事，但那都會幫助你美夢成真。」

年輕人寫下筆記：

就從今天開始

描繪出一個美好未來的樣貌。

制訂一個實際的計畫。

付諸行動讓美夢成真。

年輕人的眼睛散發出光彩。「這三個要素真的非常有用。如果我不照著做，很容易就會迷失方向。

「我似乎常常把時間浪費在那些根本不重要的事上面，然後沒花多少時間在那些需要我多留心的事。

「我已經有點理解為什麼我會感到這麼不知所措。我沒有花時間去想像、計畫，然後執行我的計畫。」

老人建議：「你也許可以把『禮物』的三個要素視作支撐一台昂貴攝影機的三腳架，用這三支腳達到完美的平衡效果：把握現在、向過去學習、設法創造未來。

「移動其中一支腳，三腳架馬上就會塌掉，但如果靠它們三個來支撐，一切就得以運作順暢。這就如同你的工作和生活。

「然而，如果你沒有去把握現在，你就無法察覺身邊發生了什麼事。如果你沒有從過去的經驗裡學習，你就無法準備好去創造未來。如果你沒有好

好地去計畫未來，你就會變得漫無目的。

「只有用現在、過去和未來這三個元素組成的三腳架，來支撐平衡你的工作和生活，你對面臨到的一切才會更有把握。

「以後不管你遇到什麼問題，都可以應對自如。」

思索著老人跟他說的話，年輕人抱著更加興奮、明確的心情回到工作崗位。

每天早上，他先想好預期要做的事，做好當天的計畫，這讓他有充分的空間可以靈活地去面對每天的突發狀況。同時，他也設定好每週和每月目標。

開會之前，他會仔細檢視自己打算達到的目標。

只有同時把握現在，從過去的經驗學習，

好好地計畫未來，你的人生才會更棒！

在得知案子的期限之後，他會制訂好工作進度表，要求在特定的時間內完成確切的目標。

他運用相同的模式規劃個人生活。他在日曆上標上重要的事情，照著日程做好計畫。

跟朋友見面時，他會留寬裕一點的時間讓自己從容地抵達約定地點。不論是在生活還是工作上，他不再等到最後一刻才匆匆行事。

因著想像、計畫未來，提升了現在的工作效率，使他更能激勵他人，完成更多的工作目標。他感到前所未有的快樂，也更能掌握自己的生活了。

漸漸地，他的主管認可了他的工作能力，再度升遷他的職位。

最重要的是，年輕人訂婚了，與他的生活伴侶一起想像、計畫他們的未來。

年輕人每天去工作時，都善加運用他學到的：把握現在、從過去中學習、設法創造未來。

這讓他得到相當棒的回報。他在工作上的表現相當優異，贏得了跟他一起共事的同仁的尊敬，也都能充滿自信地處理大部分的工作。

有一天，年輕人參與了公司的預算會議。他知道公司目前的產品銷售業績在下滑。經濟不景氣，但他又不得不承認其他幾家對手推出的產品堪稱物美價廉。

所以，當財務人員建議全面刪減公司的成本時，他一點都不驚訝。這意味著他們有可能會減少好幾個工作伙伴和一些其他重要的資源。

在會議當中，他專注著事情的進展。他聽到有人說銀行建議公司至少刪掉一年昂貴的研發支出，那是最快的省錢方式。很多與會的人都認為這個建議很有道理。

但是，有個女同事發表意見，她說這並無法解決真正的問題。她的想法跟年輕人如出一轍。

年輕人表達他的意見：「或許我們真正的問題是，我們現在的產品不

如我們的競爭者。如果我們砍掉研發的經費，也許可以在現在省下一些成本。但是，如果我們不好好地投資我們自己，在未來研發出好的新產品，公司本身在往後的幾年可能會遭遇到沒有生意可做的危機。」

他的意見引起熱烈的討論。

幾天後，年輕人在主管的支持下做了一份關於顧客對他們新產品需求的報告。

在敘述可能的新產品的同時，他還描繪出公司未來的美好願景。

接下來的兩、三個月，好幾個同事開始發揮想像力、付諸行動，研發出顧客所希望的新產品。

雖然不是所有的新產品都達到預期的結果，但其中有一個產品獲得非常大的成功，公司的業績又開始蒸蒸日上。

年輕人很慶幸自己學到如何去設法創造未來，因為他和他的公司都受益良多。

幾年過去了，年輕人已經是個男人。

他繼續跟老人保持聯繫，老人很高興知道男人過得更快樂、更有效率，也更加成功。

男人很享受工作和個人生活。

然而有一天，不可避免的事情發生了。

老人過世了。

人們再也聽不到他睿智的聲音。

男人非常震驚，不知該如何是好。

老人的葬禮上，不只是城裡那些重要的名人都來參加，老人贊助的俱樂部裡的男孩、女孩也都前來參加。

很多人起身訴說跟老人有關的感人故事。他似乎幫助過許多人。

男人坐在那裡聆聽，他了解到老人是多麼地特出。他改變了多少人的生活。

男人懷疑：「我要怎麼樣才能像老人一樣幫助別人？」

為了尋找答案，男人回到了那個讓他度過快樂童年的地方。

多年以前，他父母就不住在那裡了，他只有在拜訪老人的時候才會回去。

老人的房子空空盪盪，草坪上豎立著一個「出售」的牌子。他的眼睛盯著前廊的鞦韆，老人黃昏時總喜歡待在這裡。

他走上走廊，小心翼翼地坐在鞦韆上，生怕老舊的椅子會斷裂開來。他靠在老舊的木板條上，只聽見鍬钁發出的吱吱嘎嘎。

他仔細思索自己從老人那兒學到的東西。

他知道自己已經發現如何享受當下。

他現在更懂得處於當下，專注在現在的時刻，專心在目前重要的事情上。

他發現那樣做給了他很大的幫助。

他全心全意投入正在做的事，變得更快樂，當然也更有效率、更加成功。

他把從過去學到的經驗運用到現在，幾乎很少犯同樣的錯誤了。

他發現設法創造未來，是一個可以讓未來變得更好的積極方式。但他覺得自己的行事作風還是得小心謹慎、目標正確，尤其他不再有老人可以依賴。

男人閉上眼睛，緩慢地來來回回擺盪著鍬钁，只專注在現在。他覺得很

平靜。

漸漸地，他彷彿感受到老人的存在。他似乎就在走廊上，坐在他身旁。他甚至可以聽到老人的聲音，重新播放著他們的對話。再一次，他體會到老人言語的智慧，感覺到老人慈悲的溫暖。

他很好奇老人為何會花這麼多的時間，幫助他和其他的人去了解「禮物」的奧秘。

老人有許多的事要做，為什麼偏偏選擇花時間在跟別人分享「禮物」，而不是在追求自己的事上面？

男人繼續來來回回地擺盪鞦韆，閉著眼睛，全神貫注在思考這些問題上。慢慢地，答案開始清晰地浮現出來。

老人做這些事，是因為他有一個超越個人利益的目的。他的目的，也就是他每天早上起床的原因：就是要幫助別人變得更快樂、更有效率和更

你不只知道要「做什麼」，
還要知道「為什麼」。
「有目的」的工作和生活，
才是面對每天生活的實際態度！

成功。

老人知道自己做的每一件事，目的為何。

不管是分享自己所了解的「禮物」、帶領公司的會議，或是和家人、朋友一起享受休閒時光，老人都帶著這個目的在工作、生活。

而且，就是這個目的感，將現在、過去和未來聯繫在一起……賦予他工作和生活意義。

男人張開雙眼。就是這個！就是這條線把全部串連在一起。

「禮物」就是賦予你工作和生活意義的禮物。

男人伸手搆到他的筆記本，然後寫下：

活在現在、從過去學習、設法創造未來，並非全部。

除非你帶著目的感去工作和生活，認真做好現在、過去和未來重要的一切，所有的一切才會因此有了意義。

男人停下來，看著他剛剛寫下的文字，思考著這些文字的意義。

他了解到擁有目的指的不光是知道要去做**什麼**，還要知道**為什麼**。

有目的的工作和生活，指的不是要有什麼偉大的構想或是人生的計畫，而是面對每天生活的實際態度。

不管是對自己或是對他人來說，它意味著，每天起床都清楚地知道自己的所作所為意義為何。

在明白之後，他記下了筆記：

你該採取什麼樣的行動，
取決於你的目的為何。

當你想要更快樂、
更有效率時，
就是你該好好把握現在的時刻。

當你想要現在比過去更好，
就是你該好好從過去學習的時刻。

當你想要未來比現在更好，
就是你該好好設法創造未來的時刻。

當你帶著目的感
生活和工作，

認真面對目前最最重要的事，

你就更有能力，
領導、管理、支持別人，
成為更棒的朋友和愛人。

男人明白，少了老人這個良師益友的指導，他得去創造他自己的未來。

男人懷疑自己是否知道得夠多。

想到這裡，他笑了起來。他知道老人會怎麼說：

男人懂得夠多，擁有得夠多，能力已經夠多了。就趁現在吧！

有些人選擇在很年輕的時候收到他們的「禮物」，有些人選擇在他們中年時，還有些人是在他們非常老的時候，甚至有些人從來都沒有收到過。

男人擺盪著鞦韆，他決定把思緒拉回到當下。

他發現了他自己的目的。他想要跟別人分享他所發現的！他覺得既開心又成功。

仔細想想何謂成功，他知道這對不同的人代表各種各樣不同的意義。

成功也許是擁有更平安的生活；工作做得更理想；和家人、朋友共享更有品質的生活；獲得升遷；身體狀況良好；賺更多的錢；或者只是簡單地做個更美好的人去幫助他人。

藉著老人曾經教過他和他自己學習到的經驗，他明白：

更成功就是成為一個
更能充分發揮自己能力的人。

我們每個人都會各自找出
更成功的意義為何。

男人知道怎麼運用所學，幫助其他人每天的工作和生活可以更好。

這真的很簡單，他想。現在滋養著他，過去學到的經驗幫助著他，未來的目標引領著他。

靠著在當下努力認真，他變得更有效率、更成功。

他專注在目前重要的事情上面，也能夠即時發現和處理遇到的機會和挑戰。他更知道怎麼去感謝他的同事、家人和朋友。

他也知道自己只是個凡人，不可能永遠把持好自我，隨時處於當下。他有時可能會迷失。

但，那個狀況發生時，他會提醒自己，只要他希望自己更快樂、更有效率，就能回到現在。

「禮物」會永遠在那裡等他。不論在何時，他都可以把這個禮物送給自己。

男人決定寫下他所學到的要點。

他決定要把它放在書桌前面，隨時提醒自己。

要點 善用禮物

禮物

運用此時此刻的三個方法

讓你樂在工作和生活，就從現在開始！

把握現在

當你想要更快樂和更有效率

專注在現在對的事上面。認真努力在現在最重要的事。

從過去中學習

當你想要現在比過去更好

審視過去所發生的事。從中學習有價值的事。

用不同的方式面對現在。

設法創造未來

當你想要未來比現在更好

想像美好的未來樣貌。制訂一個實際的計畫。

現在就付諸行動讓美夢成真。

了解你的目的　探索可行的方法

讓你的工作和生活更有意義

接下來的幾年，男人一次又一次地運用他學到的東西。

他發現自己並非總是可以好好地把握住現在，但靠著善用「禮物」，讓今天的他更快樂、更成功，它已成了他生活中越來越重要的部分。

男人會因著遇到的狀況不同，隨時不斷地調整自我。他越來越懂得掌握每件事。

他得到相當多次的升遷。

最後他成為公司的領導人物，一個深受周圍朋友敬重的人。

和他相處會讓身邊的人感覺更有活力。有他在的時候，他們覺得自己變得更好。

他似乎比別人更懂得傾聽，去參與解決問題，早在別人之前就看到問題

的解決之道。

他的個人生活裡，建立了一個充滿愛的家庭。老婆、小孩和他互相關心著彼此。

在很多方面來說，他已經變得很像那個他所尊敬的老人。

男人很樂於跟他人分享他所發現的「禮物」。

他知道很多人很喜歡這個故事，並從中學到東西，儘管有些人什麼也學不到。

他明白，這是理所當然的，因為每個人有每個人的選擇。

某天早上，一群新進員工聚在男人的辦公室裡。他有個親自歡迎所有新進員工的傳統。

有個年輕女子注意到這張標題為「禮物」，裱裝好的卡片，然後說：

「我可以請教您一個問題嗎？為什麼要把這張卡片放在桌上？」

這是一份世界上最特別的「禮物」，

可以讓你變得更快樂、更有活力、更成功！

「當然好。」他回答。

「卡片上寫的東西，是我從一個非常值得尊敬的人那裡聽到的故事，那是一個充滿啟發和實用的故事，內容是關於如何享受你的工作和生活。這些文字從廣義上來說，是幫助你在今天更快樂、更有效率和更成功。當你懂得如何善用它時，它會幫你了解自己的人生目的。

「我發現這對我的幫助真的很大，所以我把它擺在身邊，隨時提醒自己奉行這個讓我受惠良多的觀念。」

這群人裡有好幾個也開始注意起這張卡片。

「我可以看看嗎？」年輕女子問。

「當然可以啊。」

男人將裱裝好的卡片遞給她。

年輕女子慢慢地看著它，然後傳閱。

看過這張卡片之後，年輕女子說：「這對我現在遇到的問題好像很有幫助。」

她把這張裱裝的卡片交還給他的時候，她說：「我們可以聽聽這個故事嗎？」

這群人圍在會議桌旁，男人跟他們分享了「禮物」的故事。之後，他們熱烈地討論如何將「禮物」運用在他們的工作和生活上。在他們離開之前，他把放在辦公桌上的卡片影本分給他們。

過了幾個月，男人注意到有些新進員工似乎懂得如何去擁抱「禮物」，在工作上有非常優異的表現。但有些人對卡片的內容還抱持著懷疑的態度，或是乾脆把它擺在一邊置之不理。

有一天，那個問起「禮物」這個故事的年輕女子，又來到他的辦公室。她現在承擔了更多的工作責任，表現得非常突出。「我只是想謝謝您跟我們分享『禮物』的故事。」她說：「我把那張卡片放在身邊，常常會把它拿出來看。它真的是相當寶貴。」

然後她離開了男人的辦公室。

後來，女子將這個故事分享給她的家人、朋友和同事。

許多聽到這故事的人都得到相當大的成長，他們所處的公司也同樣受惠。

男人很開心看到他從老人那裡學到的東西可以幫助下一代。

幾十年後，這個男人快樂、富足、備受敬重，他自己也成了一個老人。

他的小孩都已經長大成人，也有了屬於自己的家庭。他的老婆成了他最好的朋友和最親密的伴侶。

雖然他已經從公司退休，「禮物」還是持續不斷地提供他充沛的活力，他和他的老婆慷慨地投身社區活動。

有一天，一對年輕夫婦帶著他們的小女兒搬到他們那條街上。不久，他們到他家來拜訪。

小女孩去找「這個老人」的時候，特別喜歡聽他說話。她覺得和他在一起很有意思。他是個相當特別的人，雖然她也說不出個所以然來。他似乎很快樂，和他在一起，讓她覺得更快樂，覺得自己變得更好。

「是什麼讓他這樣特別？」她很好奇。「為什麼一個人這麼老，還可以這麼快樂？」

有一天，她問老人這個問題。老人笑了，然後跟她說了「禮物」的故事。

小女孩高興地跳了起來。

就連小女孩跑去玩耍的時候，老人還可以聽到她大喊：「哇！希望有一天會有人給我一個……」

禮物！

就是現在！
收下這份屬於你的、
獨一無二的禮物！

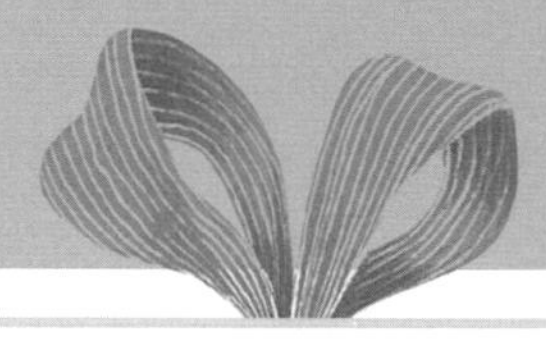

After The Story

在說完故事之後

比爾說完故事之後，麗姿笑著說：「哇，這正是我需要的。」

她思考著這個故事，安靜了好一會兒。

然後她說：「你可能注意到了，我記了好多筆記。的確，這裡面有許多東西值得我好好地想一想。

「我喜歡專注在現在所發生的事——也就是當下！我也喜歡這是給變動時刻的一份禮物。首先，這似乎是處理外在變動的好方法，但我發現也適用於改變我們身處的時刻，方法是從過去學習、創造未來。

「我總是認為成功就是最後的結果。但，了解這點也很有幫助，就是每天都只單純地往你目前認為最重要的事情前進，你會變得更有效率、更成功，**每天**往前邁進一點點。成功不需要一蹴可幾。循序漸進，反而讓事情變得更容易。

最後她說：「比爾，謝謝你跟我分享這個故事。」

然後她說：「我想我會試著將這些觀念付諸實行，看看在我身上會發生什麼事。在那之後，我們可以再聊聊嗎？」

比爾同意，「那是當然的。」

然後，有一天早上，在每週的小組會議之後，比爾發現有人在他的語音信箱裡留言。是麗姿打來的。

「比爾，你什麼時候有空跟我一起吃午飯？」

過了幾天，比爾一進到餐廳，發現麗姿早就在那裡等他了。她看起來一點也不疲憊，也不焦慮——恰恰相反。他說：「麗姿，妳看起來氣色很好。最近怎麼樣？」

她笑了，「記得你跟我說的那個『禮物』的故事嗎？」

他點點頭，「當然記得。」

「在那之後發生了許多事，我等不及要跟你說了。

「那天跟你吃過中飯之後，我發現比起我們當年一起共事時，你改變了許多——變得更好了！

「所以，即使帶著一些疑惑，我仍然忍不住去想這個故事的內容，因為它很明顯地在你身上起了很大的作用。

「我很喜歡那個真正去好好**享受**工作和生活的想法。

「在工作了幾天之後，我又想到這個故事。

「我都快被我的主管逼瘋了。我工作過度，超級疲憊，她還是不斷逼我們去改行銷企劃案，那些我不認為需要改的東西。而且我們的工作量已經很重了，她這樣加重我們的負荷令我很不滿。

「她一直說經濟和市場在變動啊，我們得學著去適應如何如何。但我一點都聽不下去。

「這根本就是老生常談，她以前就說過了。她說老早就該提出一個新的行銷企劃案了，不容易被市場所淘汰。可是這次，她竟然還說我仍停留在我舊有的成功裡，緊握著過去不放。

「我的第一個反應是對她說的話充耳不聞，因為我有一堆其他的案子要去做。

「但我想到故事裡的老人說過的話：『**你可以從過去學習，但眷戀過去是不智之舉。**』我開始好奇地去想，我是不是在那裡待得太久了——在過去。

「而且我也太過憂慮未來了——我根本一點準備也沒有。」

她笑著說：「我想我已經花太多時間在每個地方上，除了現在！

「總之，我認真地思考了這個故事，尤其是最後的那個部分。」

「哪個部分？」比爾問。

「就是那個男人體會到把握現在的意思是，明白你現在的目的，然後認真地去**實行**。

「我剛開始並不是很了解，但我發現自己每隔一段時間都會停下來自問：『我現在的目的是什麼？我要做什麼才能實現它？』

「我回家後，把那份我為了讓自己更容易理解而重寫過的筆記拿出來看。還加了一些我可以活用的方法，然後開始試著去做。

「第一次是我早上在家準備好要去上班的時候。早餐的時候，我的小兒子老想要引起我的注意，但我常常都會用『我在忙』來搪塞他。

「但，當我一專注在現在，了解到我在那個時刻的目的是要做一個好媽媽，我便能夠給我兒子他所需要的關注——全心和他在一起。我認真地去聽那些對他來說很重要的事，就在那個時刻。這讓我和我的兒子都快樂多了。我真的很享受現在。

「真的很奇妙，你只要付出小小的心力，全心投入在現在，**那一整天**都能有很大的改變。」

比爾笑了，麗姿又說：「我很驚訝這個故事會有這麼大的效益，不只幫助了我，還包括其他那些聽到我說這故事的人。」

「其他的人？」比爾問。

「嗯，比方說，有一天，我們的一位明星業務員看起來情緒很低落，我就建議他一塊兒喝杯咖啡。

「我問他是什麼事困擾他，他抱怨他的佣金還不到去年同期的一半。我問他為什麼，他說了一些像是：『現在的市場糟透了。在這樣的環境，根本沒人可以把東西賣出去。』

「然後他越說越激動，他告訴我：『我的主管認為我不能創造以往的業績是因為我太懶散了。我簡直不敢相信。我去年幫公司賺了那麼多錢，難道這一點價值都沒有嗎？』」

麗姿說：「所以我跟他說了『禮物』的故事。那是三個多星期以前的事。前幾天，他笑容滿面地走到我的座位旁。我問他：『什麼事這麼開心？』

「『我剛弄到一個大訂單！』他興奮地說。我們聊了一會兒。他說他做得比之前好多了，因為他學到要放開過去，好好把握現在。

「他說每次想到以前賺那麼多的錢，現在賺這麼少的錢，他就生氣，連他的客戶也察覺到了。

「『現在我只要看到客戶臉上出現的那種難看的表情，』他說：『我就會在心裡記下我那時的念頭——通常是我今年的業務比去年難做之類的問題。

「『然後我問我自己，我現在的目的是什麼？我有認真去達到業績嗎？有提供讓客戶滿意的服務嗎？

「『每每這樣一想，我就會有所覺悟，了解到我自己憂慮和關心的事，對他們來說一點都不重要。我了解到當我知道自己的目的就是要完成客戶的需求時，我就變得更有效率。

「『我拋開過去，全心投入現在，專注在立即滿足客戶的需求上——除此之外沒了。我一這麼做——可不是嗎！——生意就一個接一個來了。』」

麗姿繼續說：「他發現到他只需要盡全力做好**今天**的工作就好了。那才是他可以真正掌握的。

「他說那每天都給了他很大的幫助，真的很神奇。

「然後他說，他一想通了這一點，壓力馬上就解除了。他體會到的下一件事，就是他又再度享受工作的樂趣了。

「他真的從這個故事記下了許多筆記——至少是以他可以記得的方式——然後把它們貼在辦公室的牆上！我都看到了！」

比爾看著麗姿，面帶微笑，「真的很棒，」他說：「妳還有跟其他人分享『禮物』的故事嗎？」

「當然有！」麗姿繼續說。

「我工作上最好的朋友，前一陣子經歷了一場可怕的離婚。她被傷得很重，也讓她感到很憤怒，相對的，影響了她的工作，耽誤了好幾個案子，她還常常掛病號，這讓她的主管相當不滿。

「有天晚上，我去她家。我們聊了很久，最後我跟她說了『禮物』的

故事。

「隔了幾天，我的朋友在我桌上放了一個碗。她跟我說，只要她沒有處在當下，開始回頭去想離婚的事，想到她對她前夫的憤恨，她就會到我的辦公室，放一塊美金在這個碗裡。

「她說如果她沒再放錢在這個碗裡，我們就可以出去吃頓飯了。她笑了；她相信這一定夠付一頓豪華的晚餐。

「剛開始的幾個禮拜，她每個小時都會過來，要不然就是每次來丟個一、兩塊，或是三塊美金，她讓自己陷在過去那些時光，或是想著如果當初怎樣就不會怎樣的情緒裡。但漸漸地，錢增加的速度開始變慢。然後，這個禮拜，不可思議，碗裡竟然沒收集到半毛錢。

「前幾天她跟我說，只有讓她實際看到自己浪費多少時間和金錢沉浸在過去，她才會了解這樣做對她的傷害有多大。

「她沒辦法專心工作，她的朋友已經聽膩她的抱怨，她的精力已經用盡。

「她的所作所為好像故意讓自己沉溺在受害和憤怒的情境裡，阻止她往前走和改善現狀。

「她說她從過去學到得越多，就越能放開過去，更能專注在享受現在。

「她說她發現對她特別有幫助的，就是讓她懂得珍惜現在所擁有的——即使是一些小事——再來就是在今天描繪出未來美好的樣貌。

「她甚至學著去創造屬於自己的未來。

「以前，一天結束時，她總是又累又憤怒。現在，她下班開車回家時，就想像著她回到家時有什麼想馬上做的事。

「在她下車踏進家門前的那個時刻，她開始想像在接下來的幾個小時她要做些什麼。然後，她知道自己不會再被報紙或電視分散注意力，而是把全部的心思都花在家人身上。

「她發現自己更放鬆享受家庭生活，成為一個慈愛的好媽媽。

「她說這對她真的很有用。即使不完美，但她的孩子都快樂多了，也幫了她很多。她很驚訝在家是這麼棒的事。」

麗姿說：「我的朋友在工作上的表現也有進步。很多人都注意到了她的改變，尤其是她的主管。

「她今天早上到我的辦公室說：『看起來我們下禮拜就可以去享受大餐了，我請客！』」

比爾說：「麗姿，這真的是太棒了。」

「的確是。」麗姿回答。

然後她又說：「我跟我老公說我和同事的工作和生活都有很不錯的進展，這些全都得歸功於『禮物』。

「我老公，」她繼續說：「老是擔心家裡的開銷，像是雙胞胎的大學學費，即使他們現在才五歲而已。

「他一直想著怎麼樣才能升遷，賺更多的錢，這樣我們才能買更大的房子。他很擔心以後我們退休後錢不夠用。

「我很喜歡他這麼有責任感，為家人著想。但我也看到他硬是扛在肩上的那種無形壓力，雖然他自己都沒有察覺。

「我一直想告訴他『禮物』的故事，但後來還是決定等到他自己想聽的時候再跟他說。

「有一天晚上，他說想聽聽這個故事，所以我倒了一杯他最喜歡的紅酒，然後跟他說了這個故事。

「我不確定他是不是有認真在聽。但我一說完，他就說：『我最喜歡故事裡設法創造未來那部分。』

「我很驚訝他說：『我喜歡那三個步驟：看到美好的未來樣貌、制訂一個計畫，然後在今天開始行動讓美夢成真。』

「不久，他建議：『我們星期六早上騰出時間，開始來規劃我們的未來財務計畫吧。』

「我當然同意，然後說：『那我們也從今天開始，一起記錄我們的收支狀況，還有一些你覺得我們需要記下的事。』他看起來好像很滿意這個主意。

「那個週末，我們規劃財務計畫的過程很棒，是有史以來最棒的。我們好好地想像了一下期望的未來生活是什麼，然後處理好一堆被我們拖延很久遲遲沒有完成的事。我們甚至起了頭去訂定計畫。

「那個星期快結束的時候，我老公走向我，給我一個很大的擁抱。我問他心情怎麼這麼好，他說：『我感覺比以前好多了。』

「他說：『我開始了解老人說的了，他說如果你開始創造未來，就會更清楚未來，現在也就不會那麼焦慮了。

「『我發覺自己一直過於擔心未來的事，以至於沒能好好地享受我們擁有的東西——就是**現在**！

「『我一直拚命努力要賺更多更多的錢。突然之間才明白，即使我年收入百萬美金，還是會有我們買不起或是來不及提前準備的東西。』

「他說他了解到他太忙於我們『未來的金錢需求』，太不享受他『現在的家庭生活』。他已經忘了當初是**為了什麼**要這麼辛苦地工作。

「他的行為就好像賺錢是他的目的，而不是用他賺來的錢來愛護支持我們全家。

「他說：『我體會到要更加全心投入每個新的一天，認真地生活，而不是下一個念頭馬上就想到以後的事。孩子只要看到妳和我快樂地在一起，他們就會很快樂，才不管我們住什麼樣的房子，開什麼樣的車。

「『設法創造未來是很重要的，就像我們上週末開始做的那樣，但我們不該老是**活在**未來。我知道這個差別在哪裡了。』」

麗姿安靜了一會兒，回想跟她老公經歷的那些回憶。

比爾笑了。然後他問道：「妳把同樣的想法運用在工作上，最後有成功嗎？」

「有啊，」麗姿回答。「我們最近拿到一份報告，裡面提到我們其中一個部門的業績嚴重下滑，主要原因就是因為之前最受歡迎的一個產品銷售量大減。

「開始有謠言說要刪減預算和裁員，就跟故事裡的情節一模一樣。

「這讓許多人很焦慮，因為朋友之中會有人因此而失去工作，甚至包括**我們自己**。我問自己還可以做些什麼。我知道我們得開發出更新、更好的產品。

「我把訊息發出去，要大家腦力激盪，想想要怎麼創造我們產品的未來，後來我們在晨間會議上討論了兩個小時。

「這會議活力十足，討論的時間比我預計的還要久。不過，午休時間之前，終於有了重大突破。

「下午的時候，大夥兒帶了幾個相當不錯的修改案回來。

「我發現有了大家一起創造我們的未來，我們才能逐步完成那些該做的事。然後我才有能力專注在公司現階段的需求上。

「那天結束時，我去看我女兒的夏季聯盟足球競賽。當我在那裡的時候，我專注在現在，專注在她身上，撇開我們未來的產品計畫。那些我可以明天再做。

「比賽結束時，我可以跟她在一起，在當下那個時刻，我做到了我從來做不到的事。

「我知道，**當下**最重要的事永遠在改變，這是當然的。我現在的目的就是貢獻自我在工作上、做個好太太、好媽媽，並在此之間取得平衡點。這讓我在做每件事時都有更清楚的方向。

「我發現如果我全心投入在手邊的事，就會把事情做得更好。

「而且不只是我，我許多工作上的朋友，還有我的家人也學會了要怎麼做得更好。」

比爾問：「妳有跟他們分享妳的筆記嗎？」

「當然有啊！」麗姿回答。「我不只增補了筆記的內容，還寫下我可以記得的故事內容，然後跟好多人分享。

「我得承認不是每個聽到或看到這個故事的人都會從中受惠。我有好幾個同事就沒能從裡面得到什麼幫助。

「但那些有所領悟的人，在工作上的表現都進步很多，給我們公司帶來相當正面的影響。」

麗姿建議：「也許你可以回公司親自看看。」

比爾說他很想好好拜讀她寫的筆記，也會盡快找時間去她的辦公室看看。

麗姿看著手錶，發現時間差不多，她得回去上班了。她拿起帳單，然後說：「比爾，非常謝謝你跟我分享『禮物』的故事，它真的幫我更加享受工作和生活！」

「麗姿，別這麼客氣，」比爾說：「我很高興妳把這個故事應用得這麼好。

「更高興的是妳體會到，只要有越多的人懂得專注在現在的生活和工作上，對他們自己、家人和公司就越有好處，就像妳自己發現這點的時候一樣。」

「這個嘛，」麗姿說：「這是個很棒的啟發和實際指導的藍圖。

「今天就開始善用『禮物』，你會變得更快樂、更成功，直到它變成你生活的一部分。

「我一定會把它更常運用到公司裡。當你發現什麼好用的東西，你就會想盡快讓更多的人一起來享用。」

她又說：「當人們更快樂、更有效率時，不管是在工作上還是家庭裡，這對大家都有好處。

「我要去跟別人分享這個故事。」

比爾笑著說：「我之前認識的那個『懷疑論者』，現在跑到哪裡去

啦？」

麗姿回笑過去，說：「也許她剛送了她自己一個……」

禮物!!!

想要得到更多資訊，

請參觀以下的網站：

www.ThePresent.com

Broadway 出版致謝

我們在一九八四年率先出版史賓賽・強森博士的經典著作《The Precious Present》，這個簡單又迷人的故事聚焦在一個概念上，就是「活在當下」。本書協助，也持續協助許許多多的人接納自己擁有的一切，以及此刻的自己。

今天我們很高興能夠出版史賓賽・強森博士的新書《禮物》，本書建立在《The Precious Present》的原初概念上。如同各位讀者在書裡所見，這則故事充滿啟發與實際的指引，能夠提出《禮物》裡深遠的洞見，同時能夠協助各位打造未來。本書能夠在變局時刻協助各位在生活與工作上更快樂、更有效率、更加成功。

這兩本書都有其自身獨特、禁得起時間考驗的真相，我們非常榮幸能夠出版不同的版本。

國家圖書館出版品預行編目資料

禮物／史賓賽·強森博士 Spencer Johnson, M.D. 著. -- 二版.-- 臺北市：平安文化，2023.01
面；公分. --（平安叢書；第 752 種）（Upward；141）
譯自：The Present

ISBN 978-626-7181-46-1（精裝）

1.CST: 自我實現 2.CST: 生活指導 3.CST: 成功法

177.2　　111020732

平安叢書第752種
UPWARD 141

禮物

The Present

作　　者—史賓賽．強森博士
發 行 人—平雲
出版發行—平安文化有限公司
台北市敦化北路 120 巷 50 號
電話◎ 02-27168888
郵撥帳號◎ 18420815 號
皇冠出版社（香港）有限公司
香港銅鑼灣道 180 號百樂商業中心
19 字樓 1903 室
電話◎ 2529-1778　傳真◎ 2527-0904
總 編 輯—許婷婷
執行主編—平靜
責任編輯—張懿祥
美術設計—兒日設計、黃鳳君
內頁插畫—恩佐
行銷企劃—鄭雅方
著作完成日期— 2010 年
二版一刷日期— 2023 年 1 月

法律顧問—王惠光律師

讀者服務傳真專線◎ 02-27150507
電腦編號◎ 425141
ISBN ◎ 978-626-7181-46-1
Printed in Taiwan
本書定價◎新台幣 380 元／港幣 127 元